D1744321

speedo clad jocks

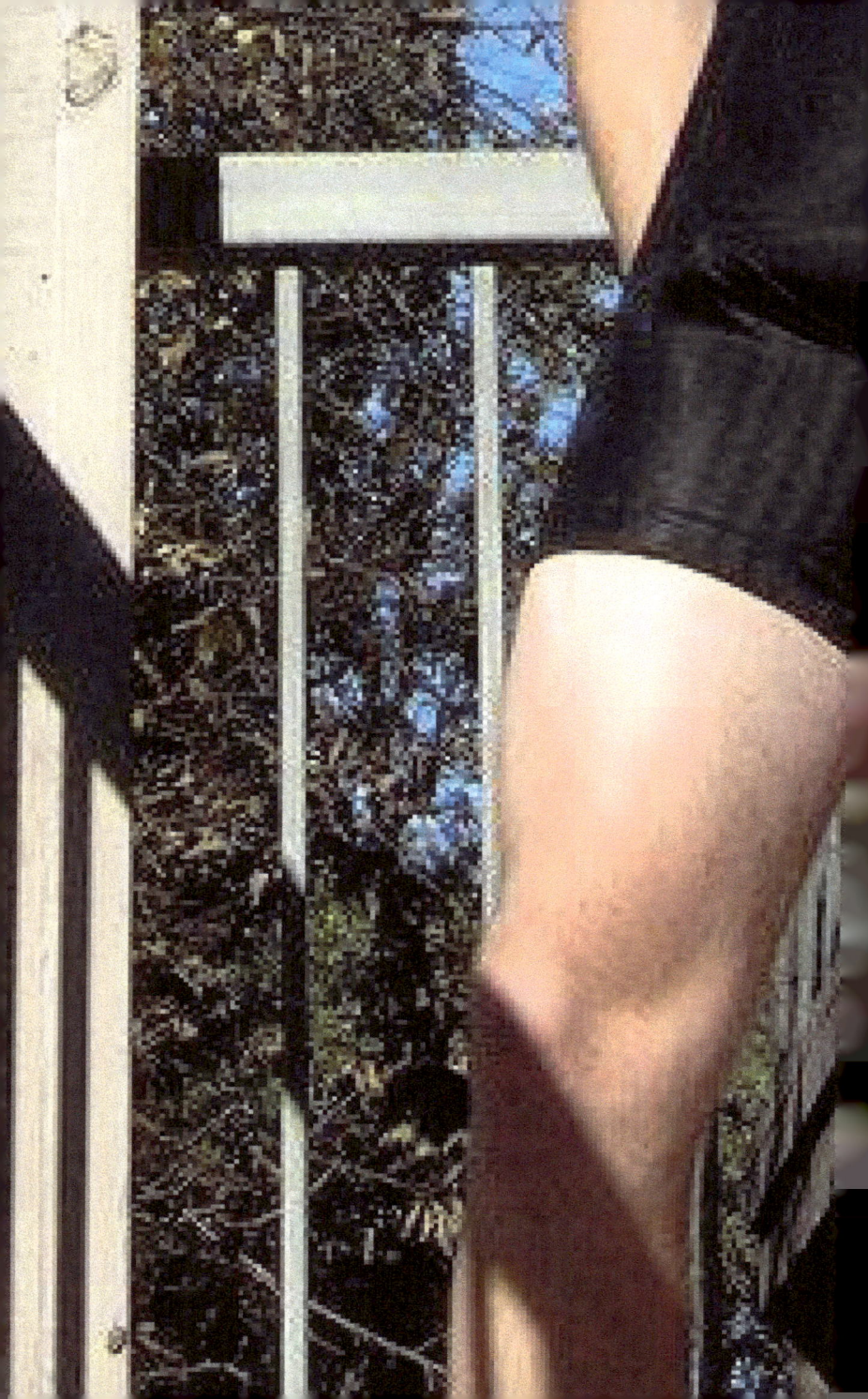

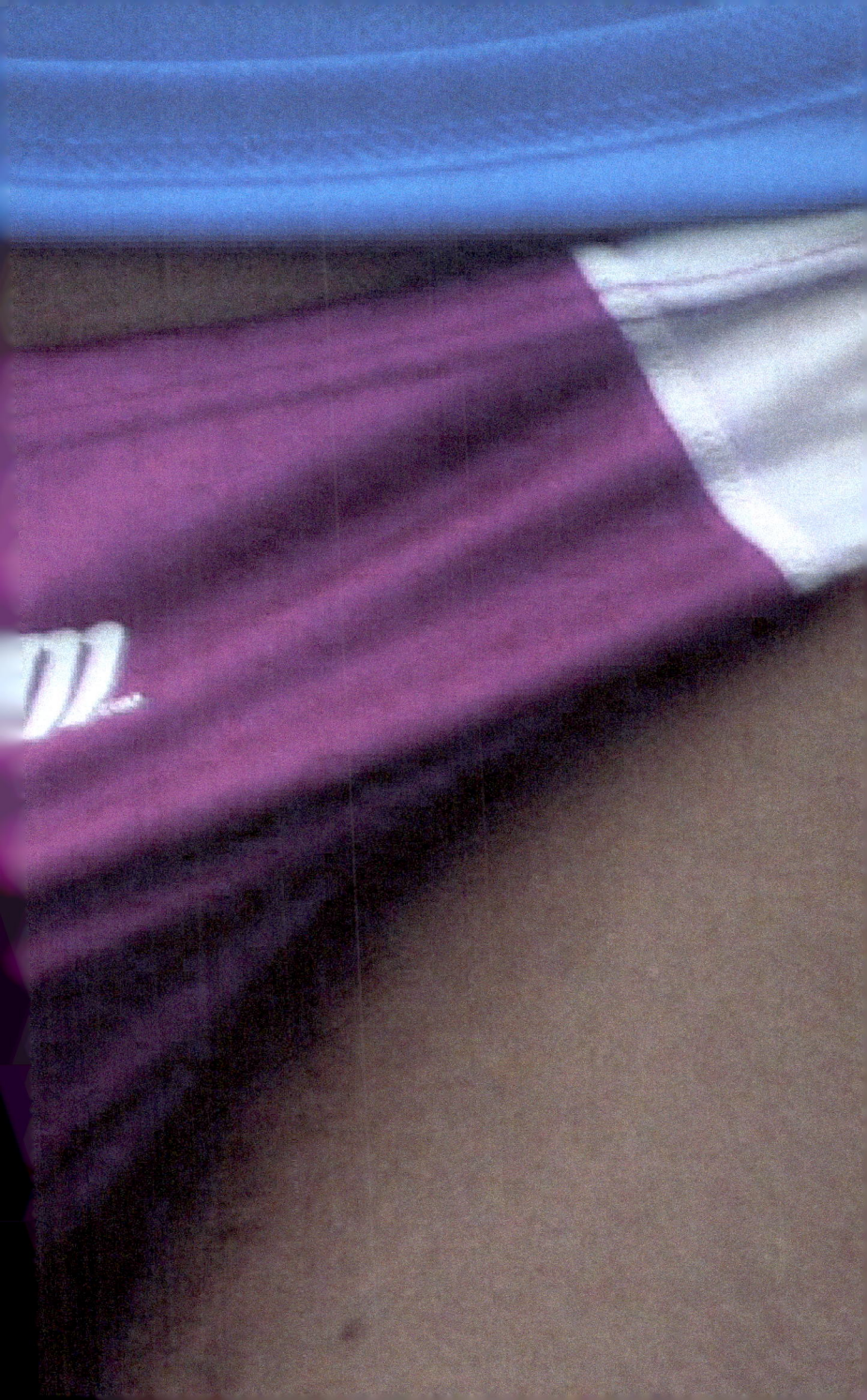

PRE cup 2004
Pražská energetika, a.s.

PRE cup 2004
Pražská energetika, a.s.

PRE cup 2004
Pražská energetika, a.s.

PRE
Pražská

.s.

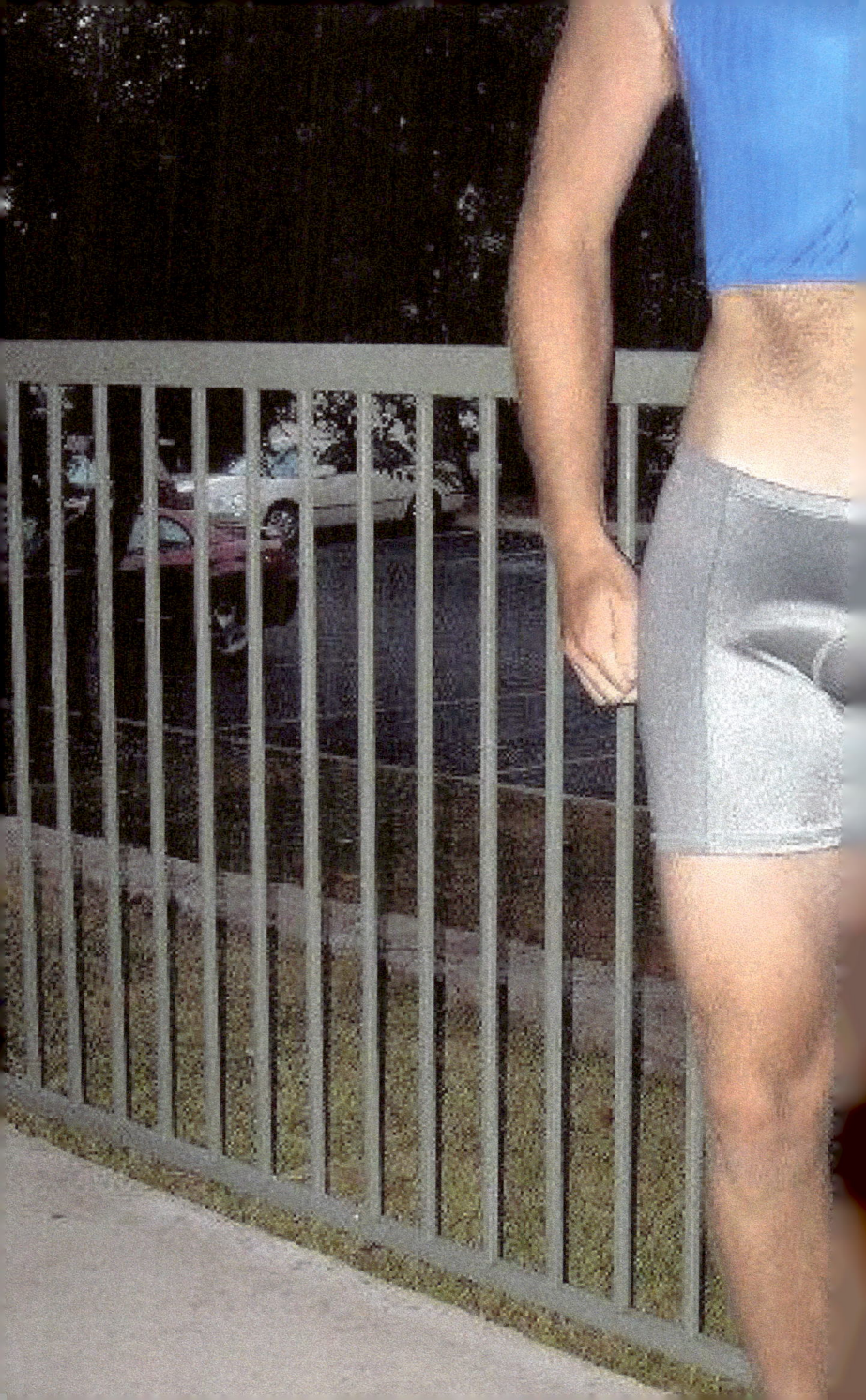

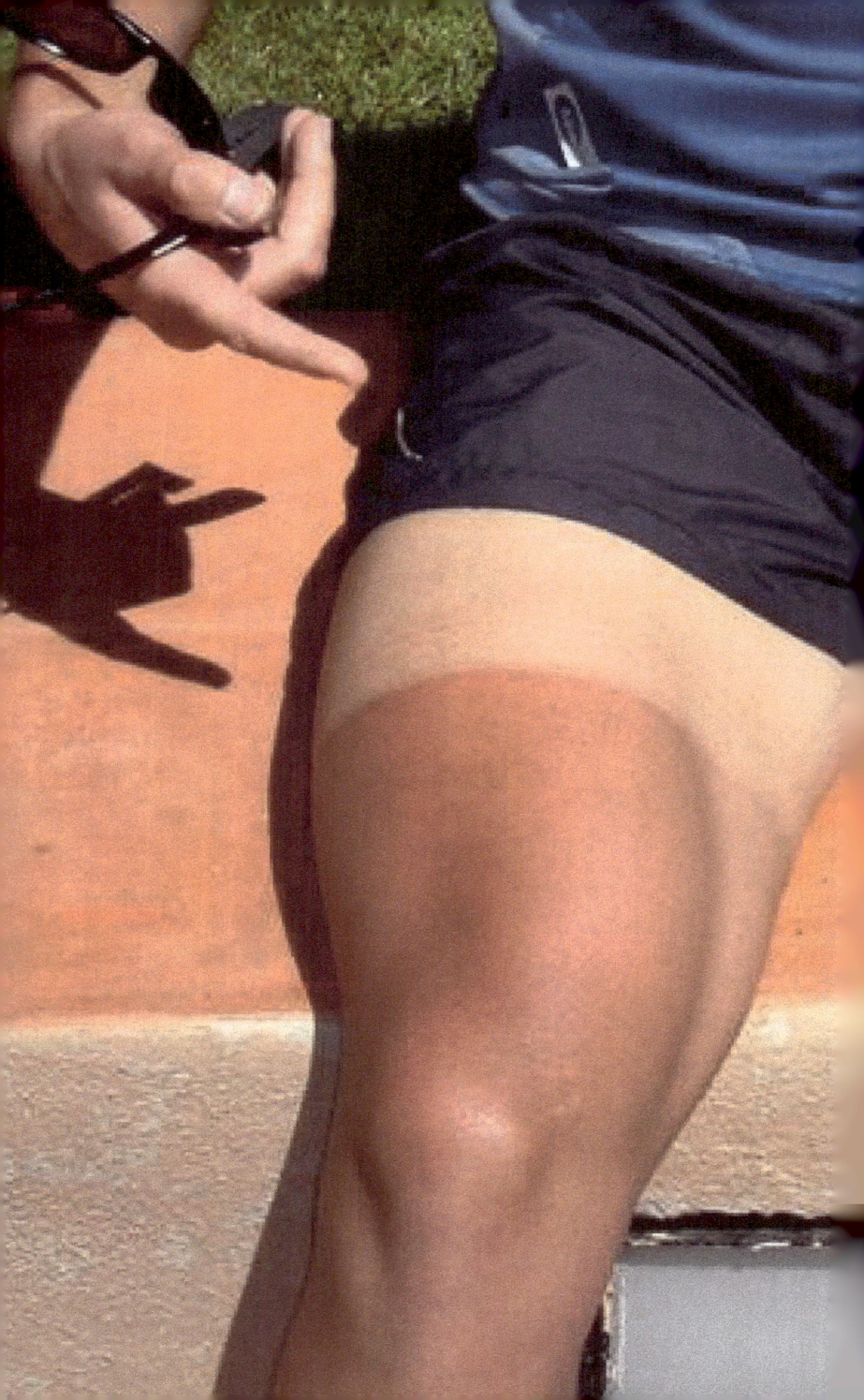

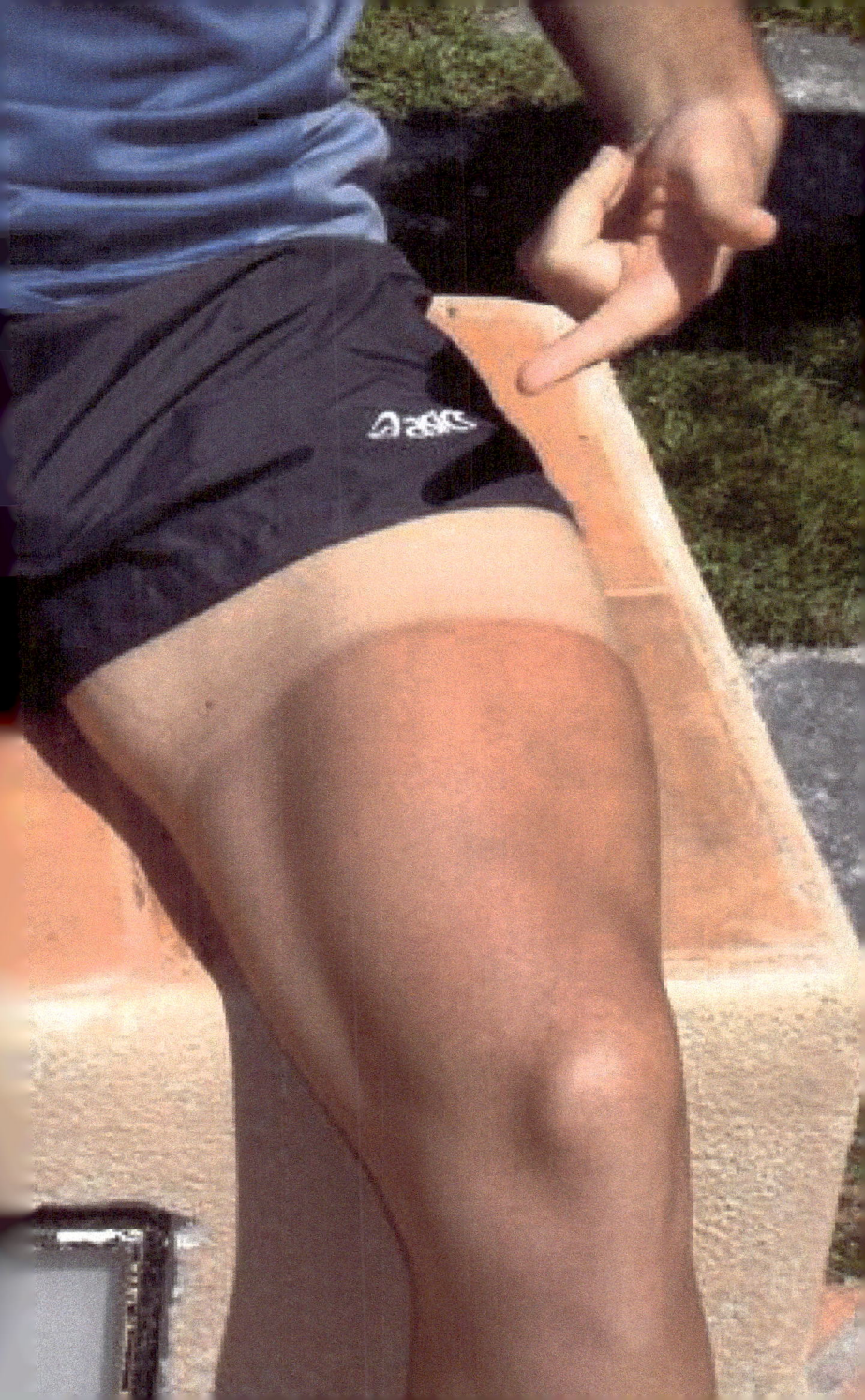

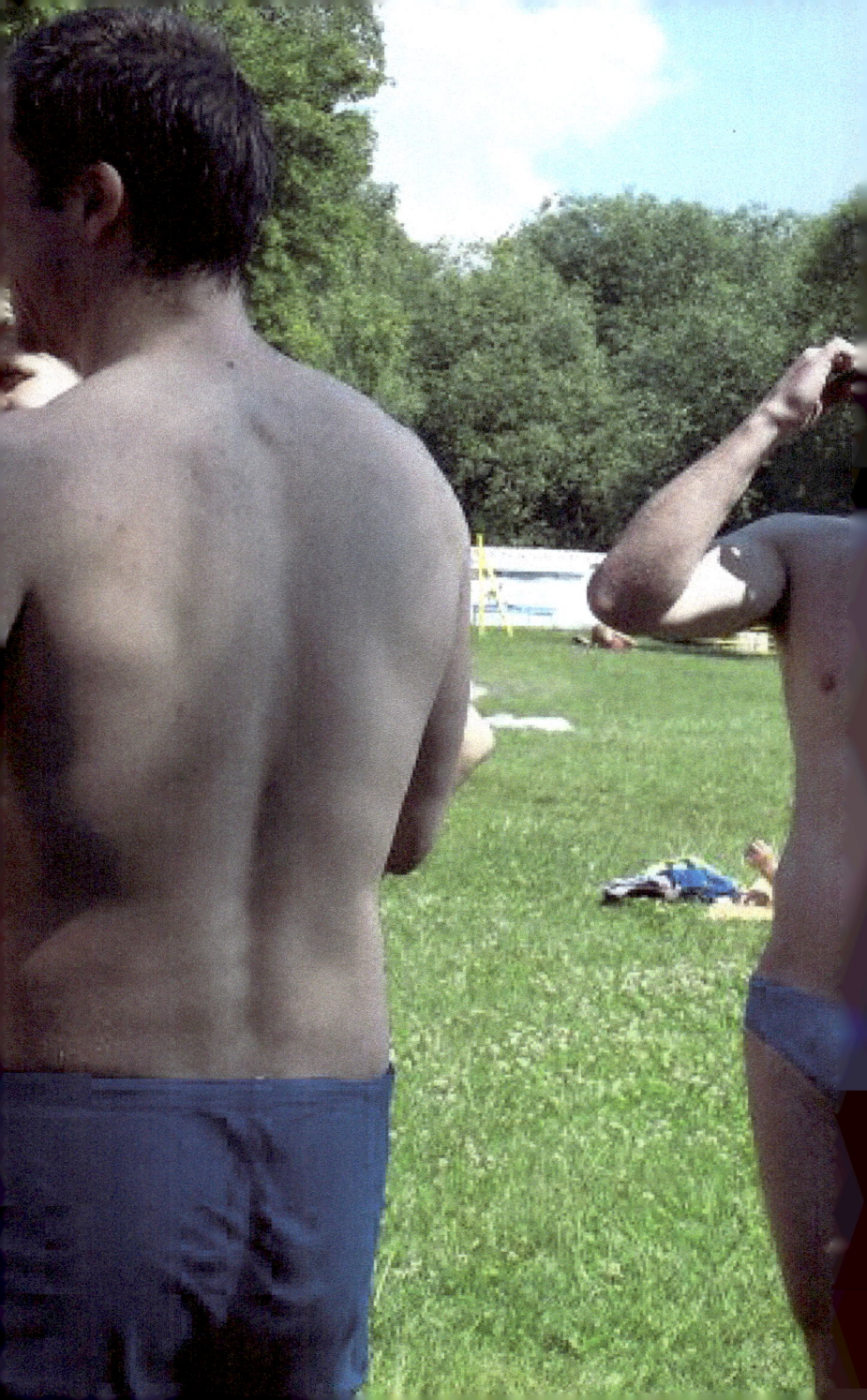

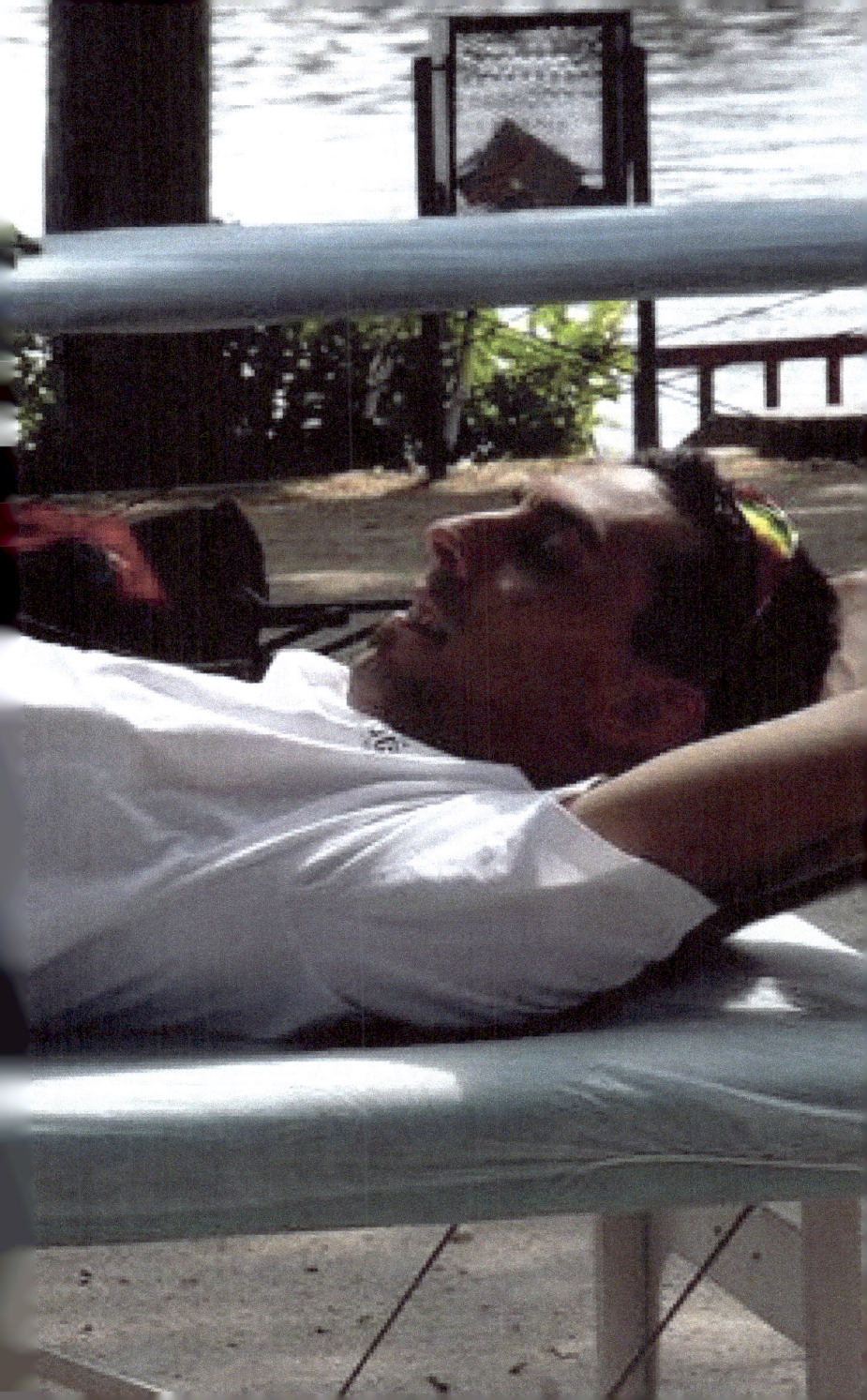

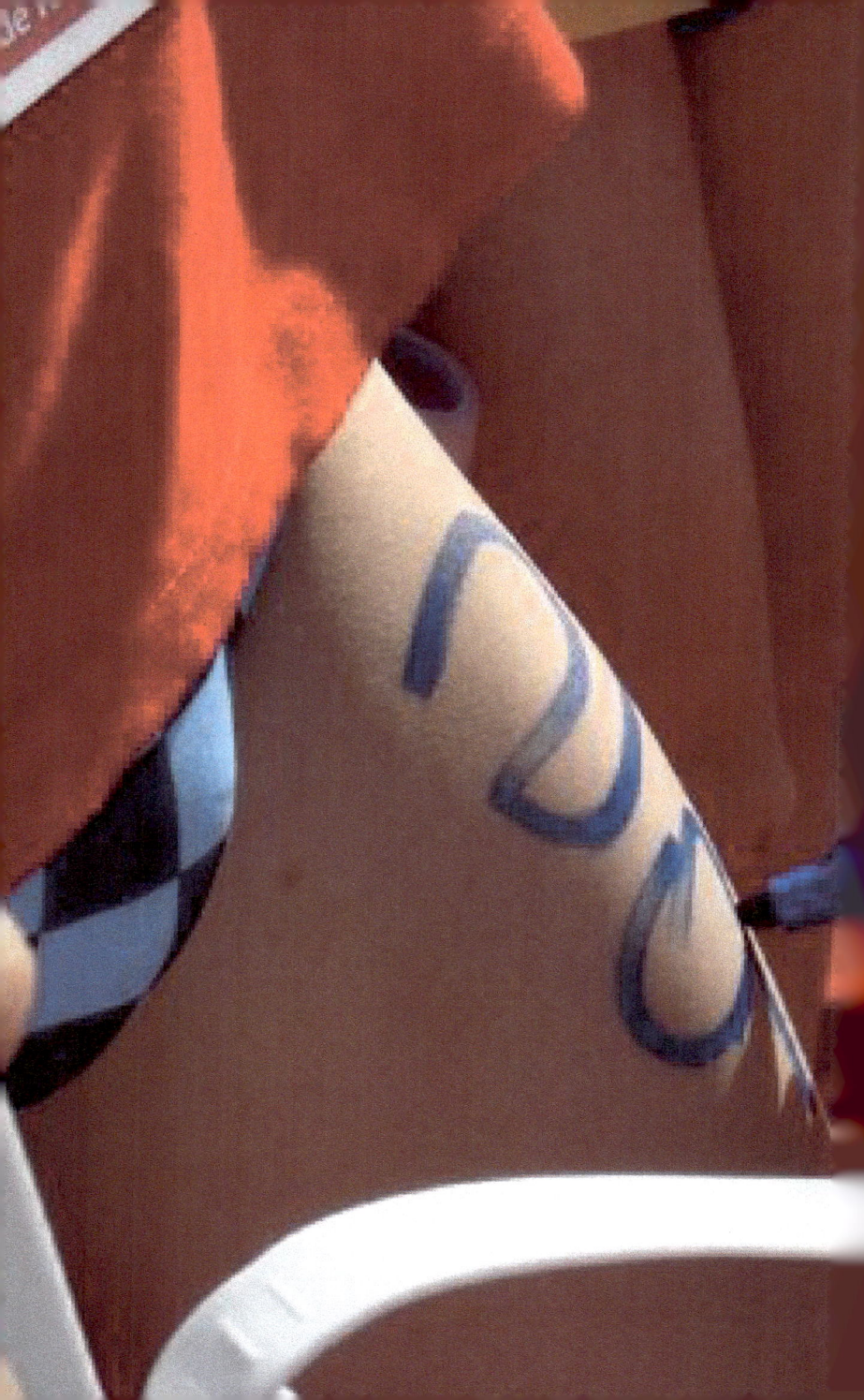

Triathlaix.net

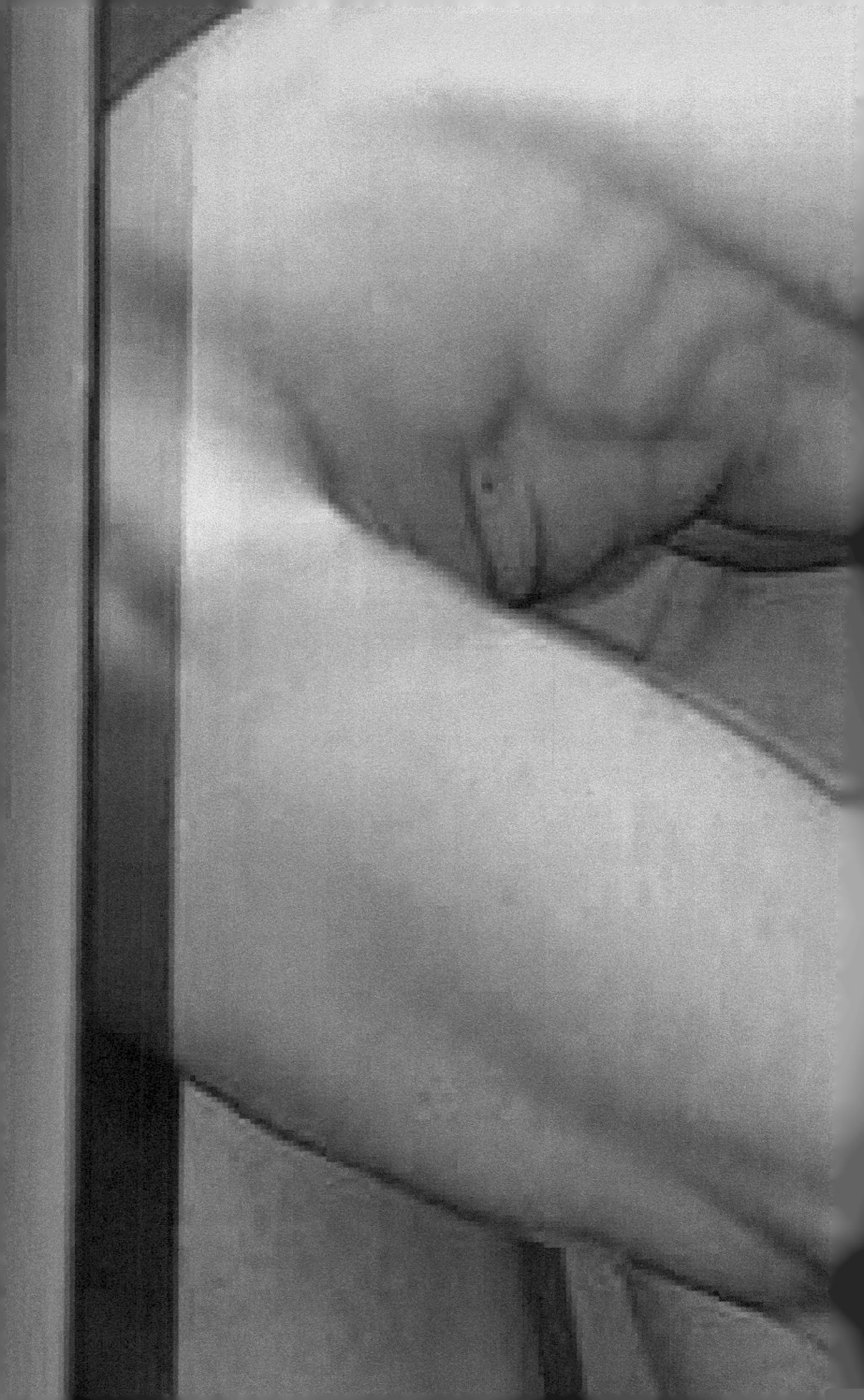

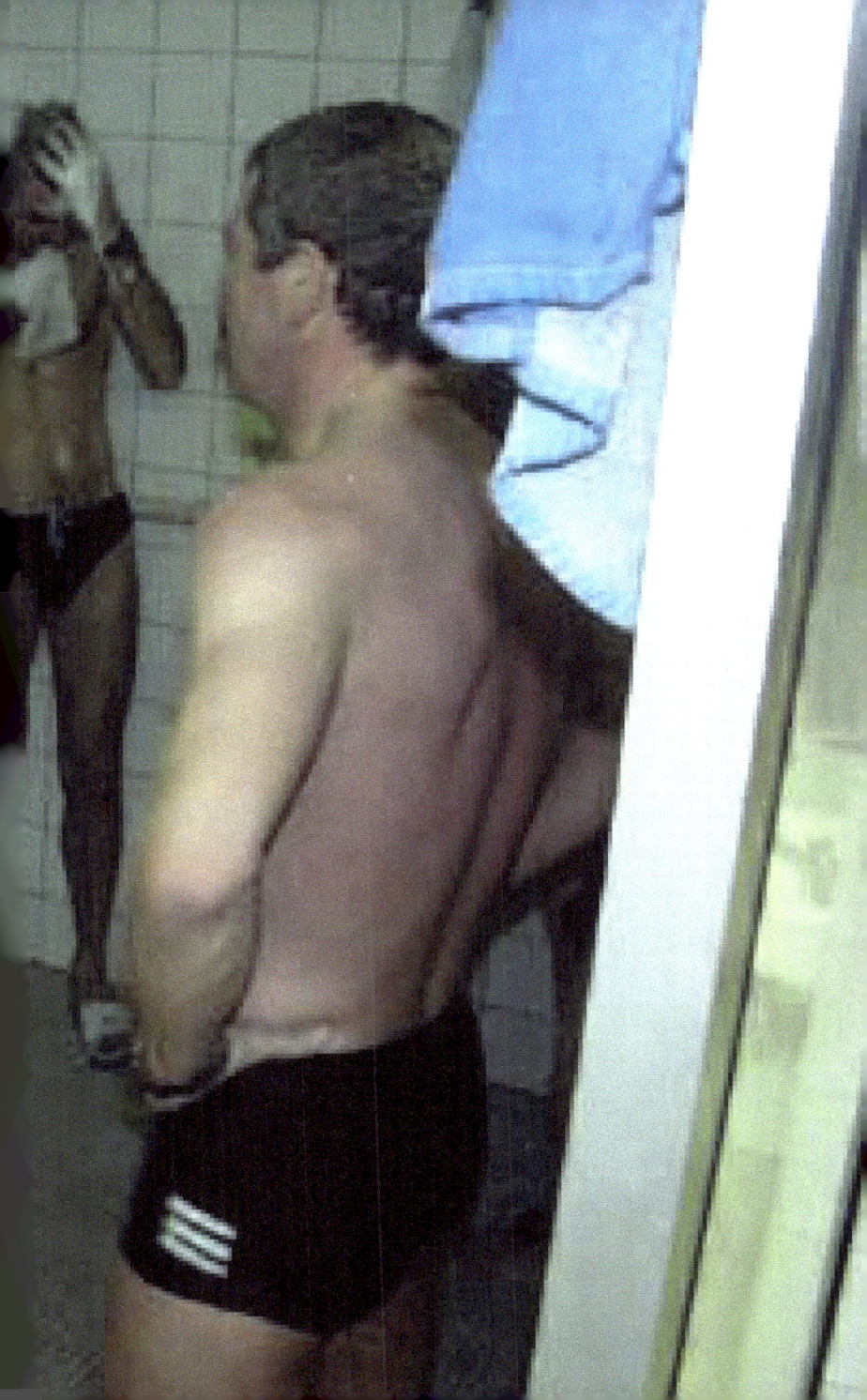

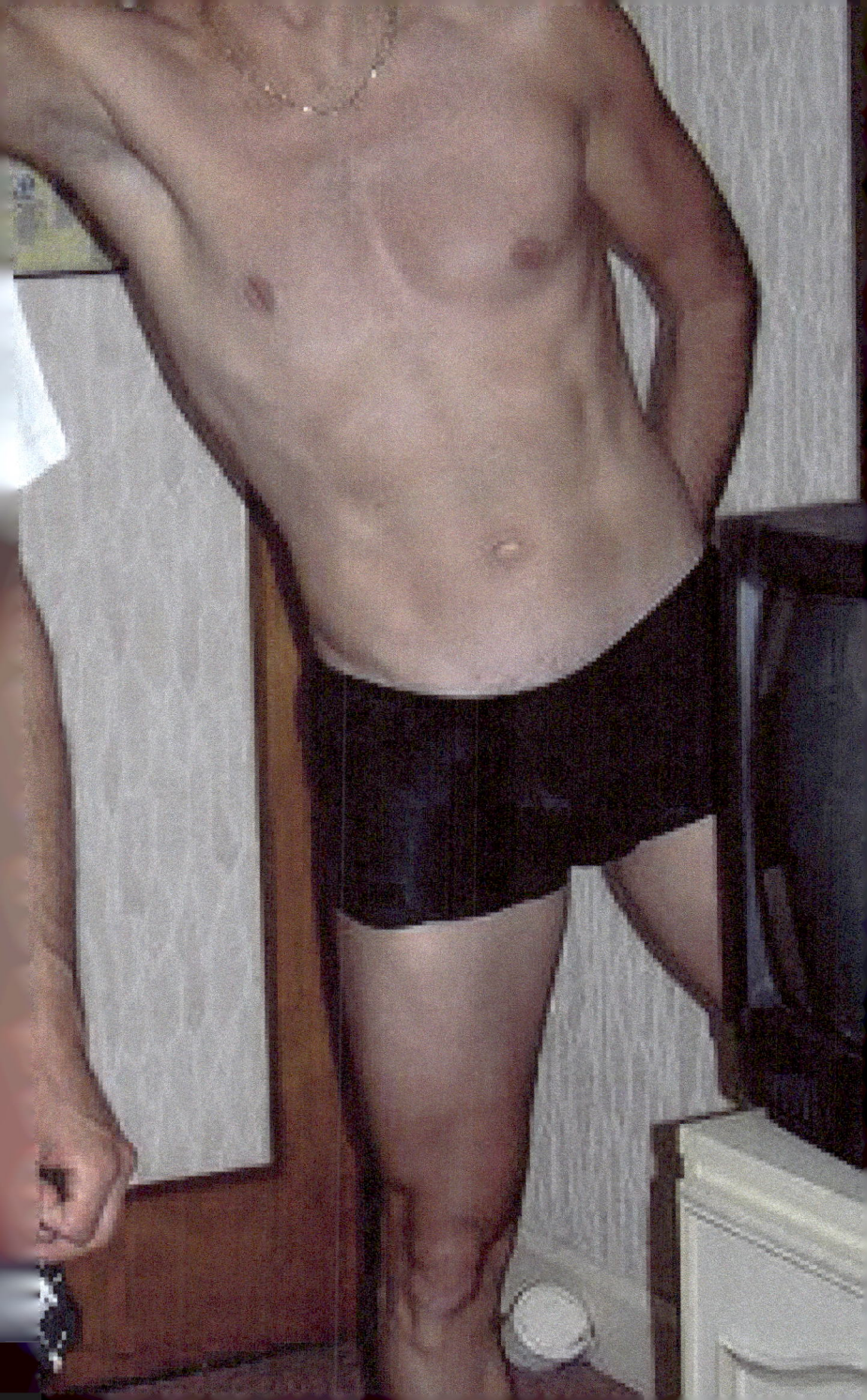

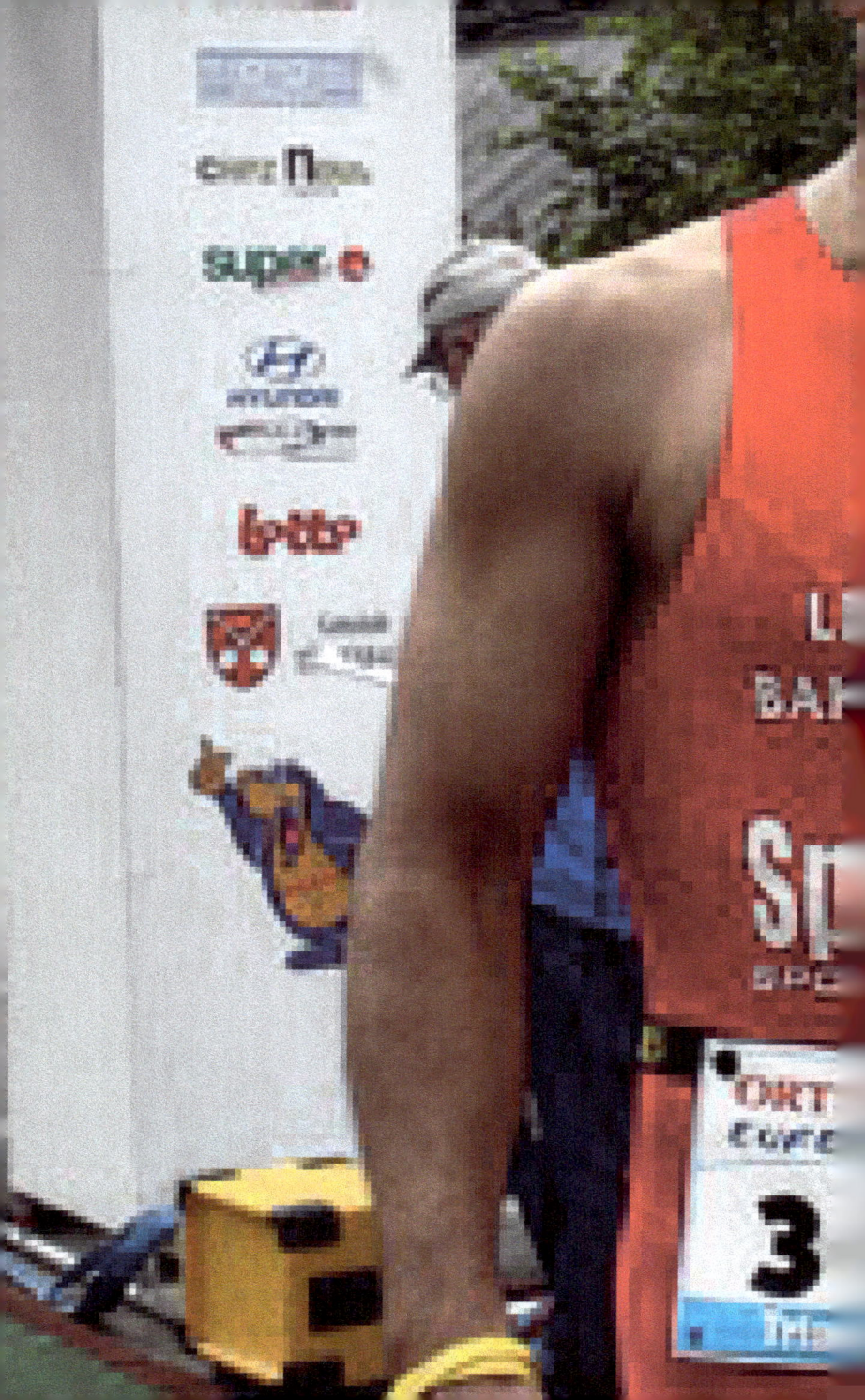

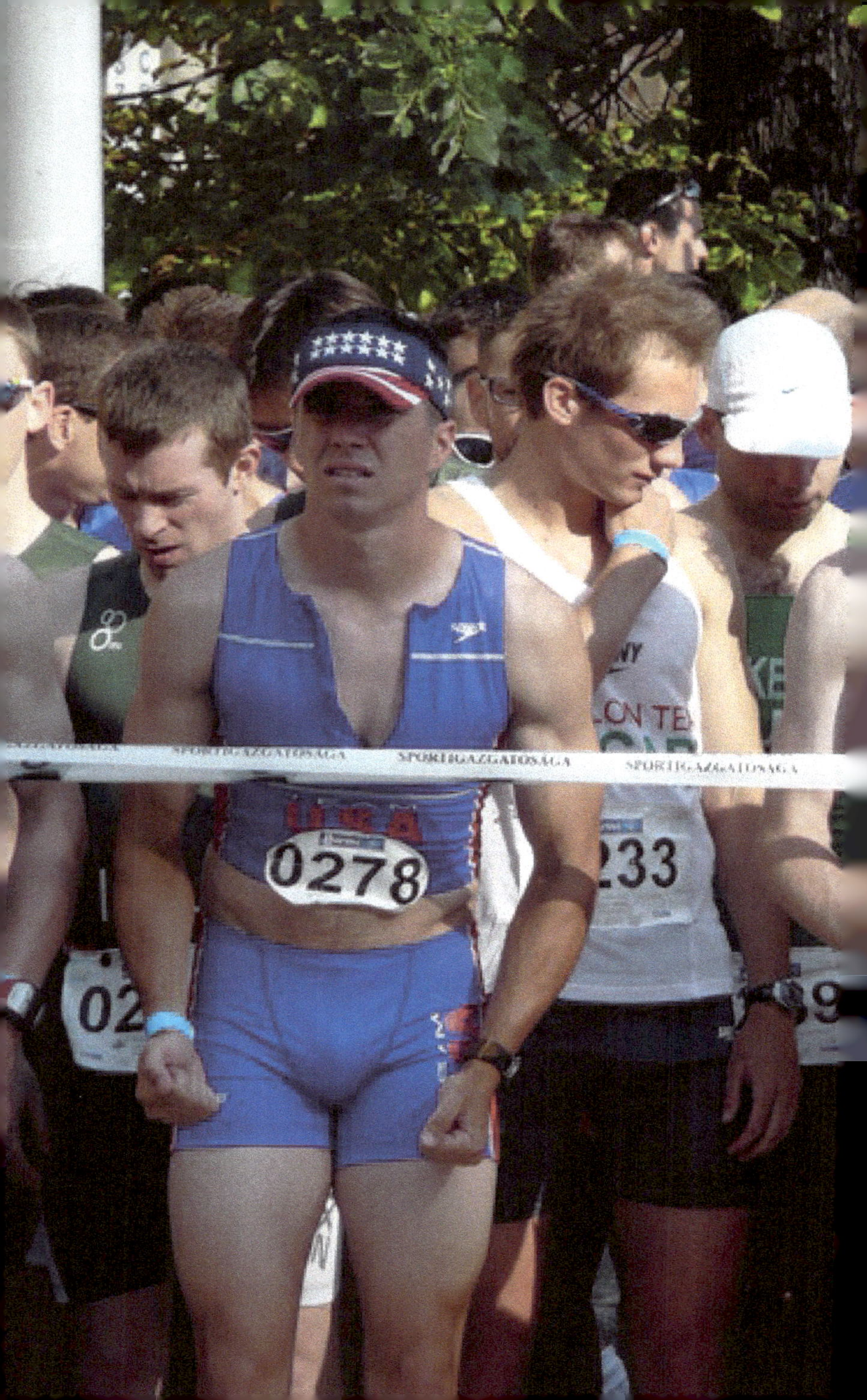
0278
233

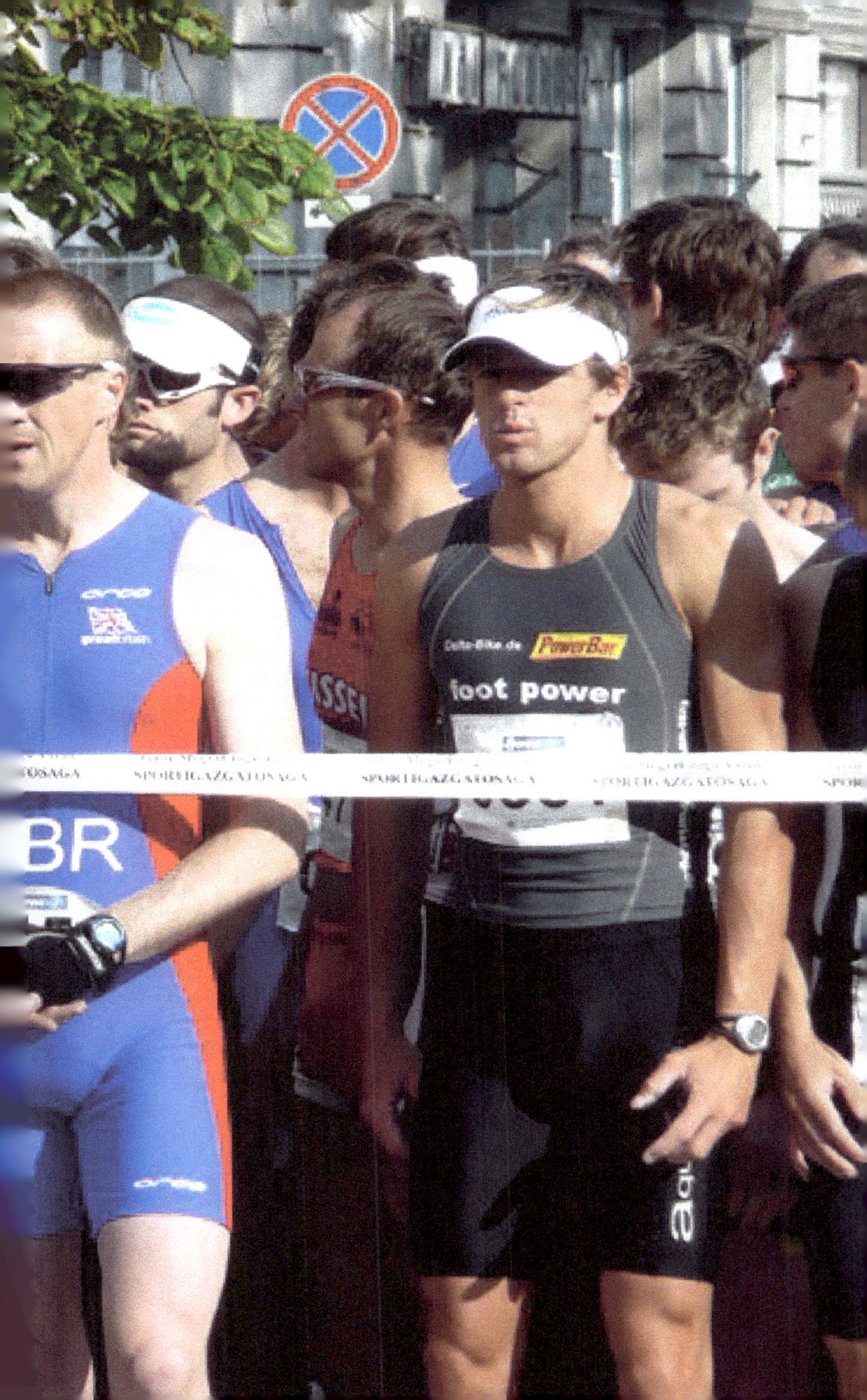
PowerBar
foot power
BR

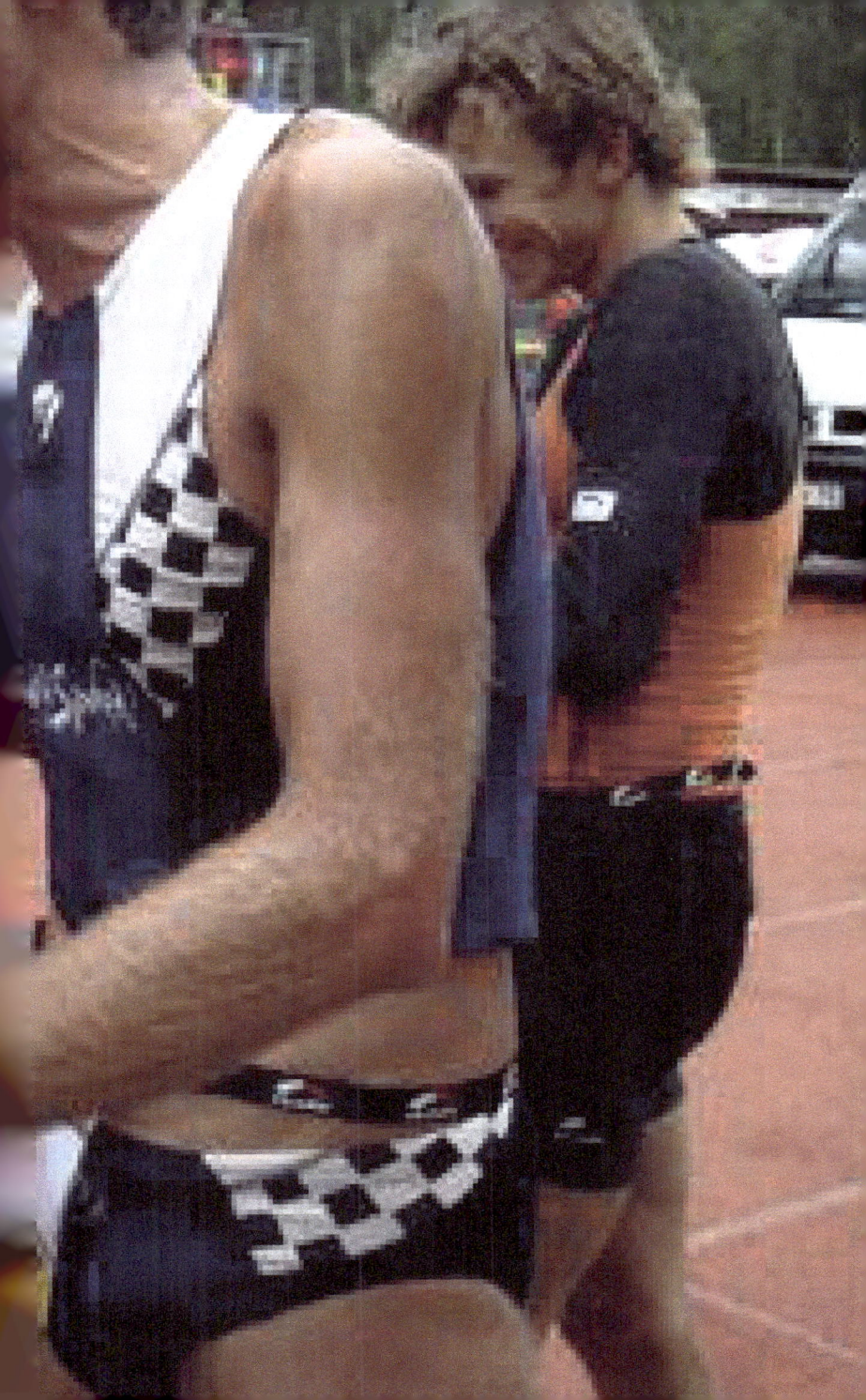

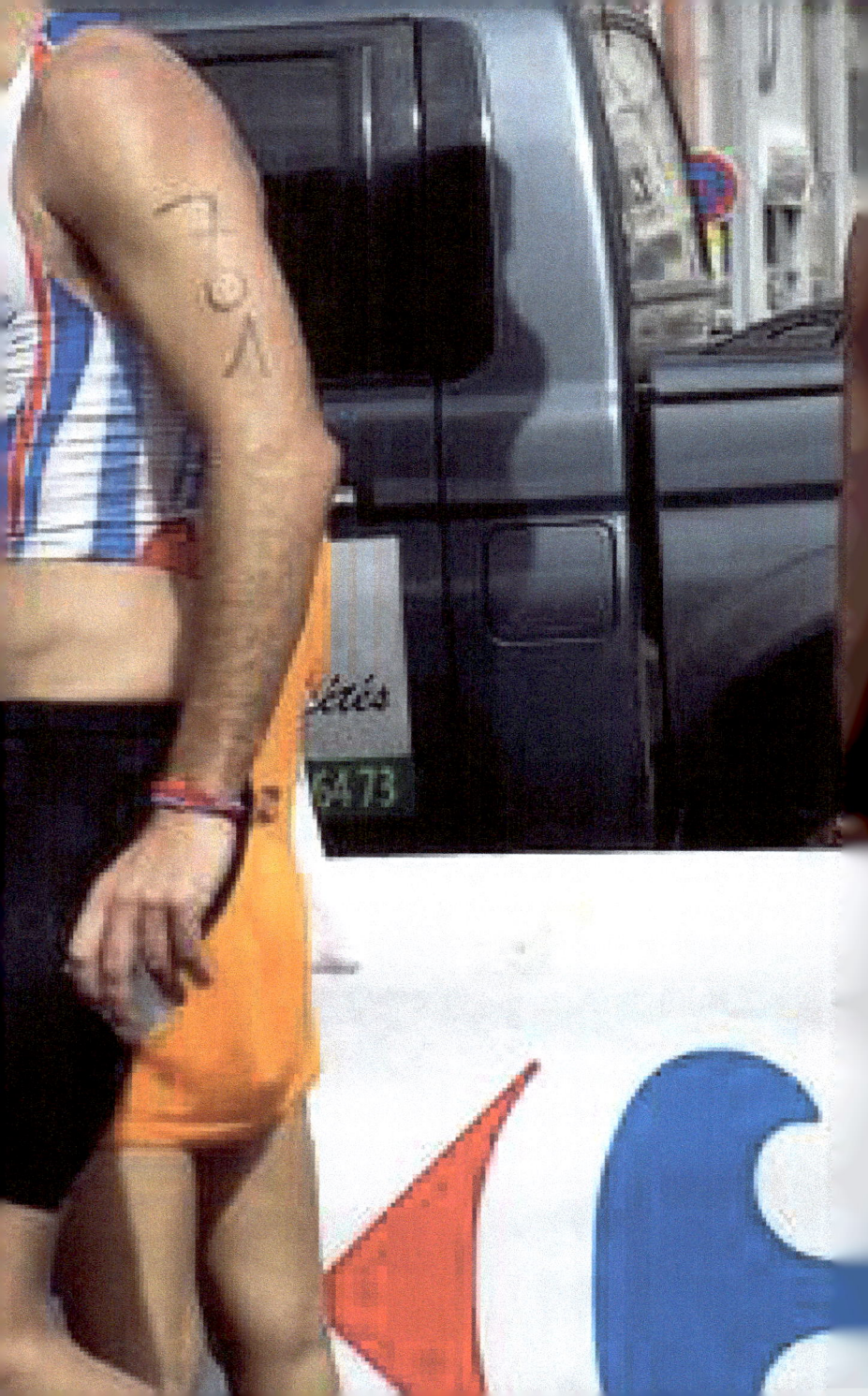

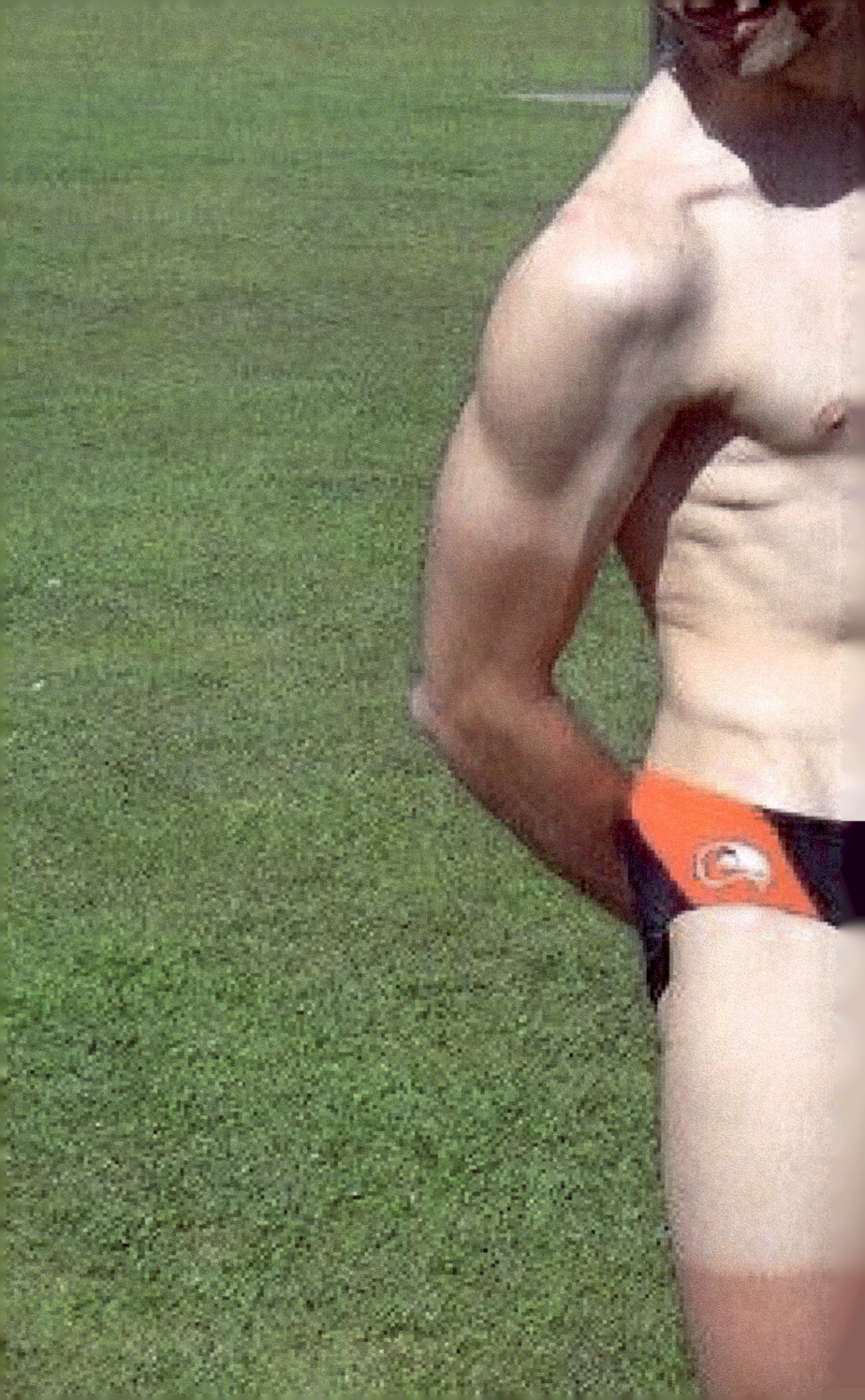

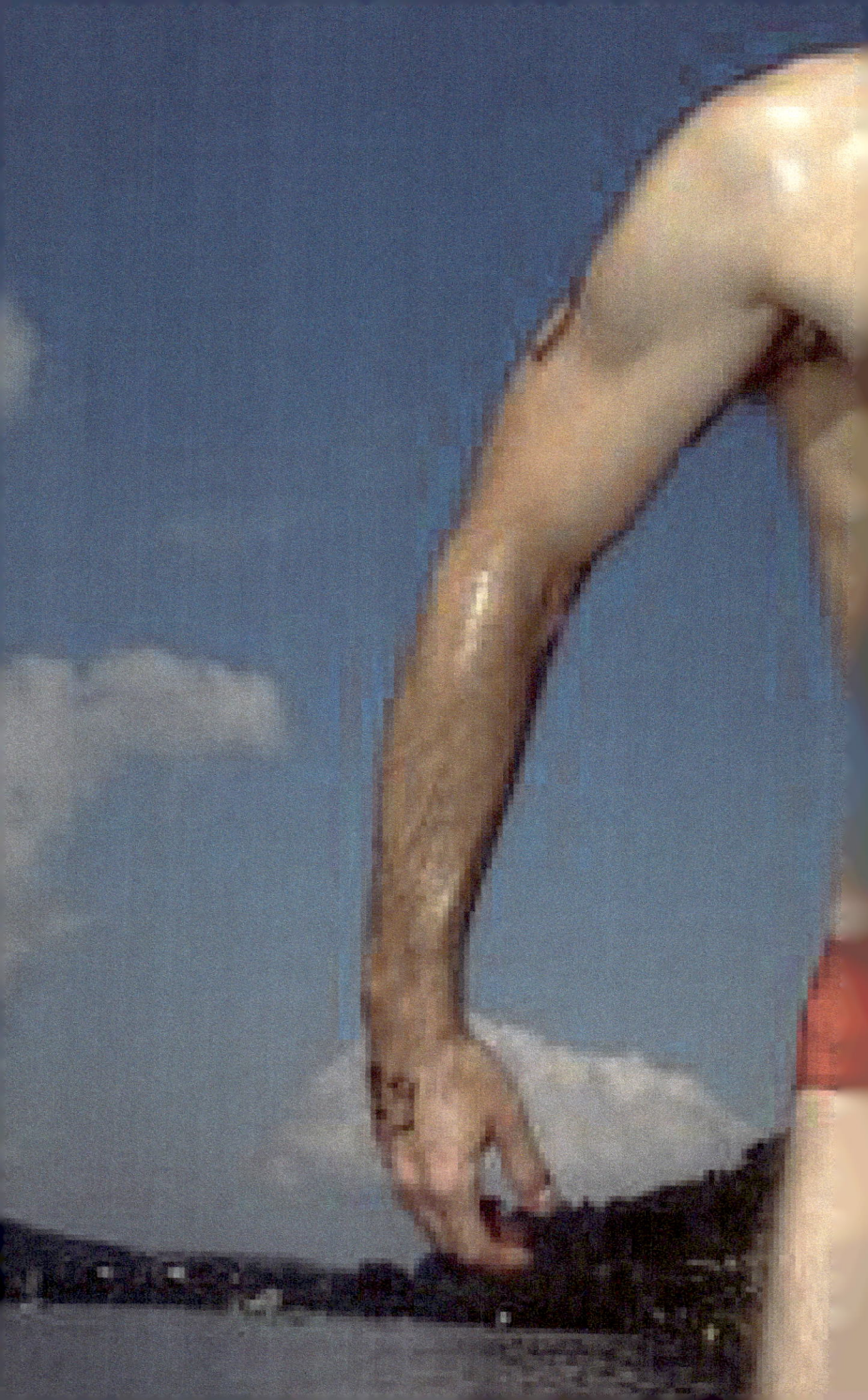

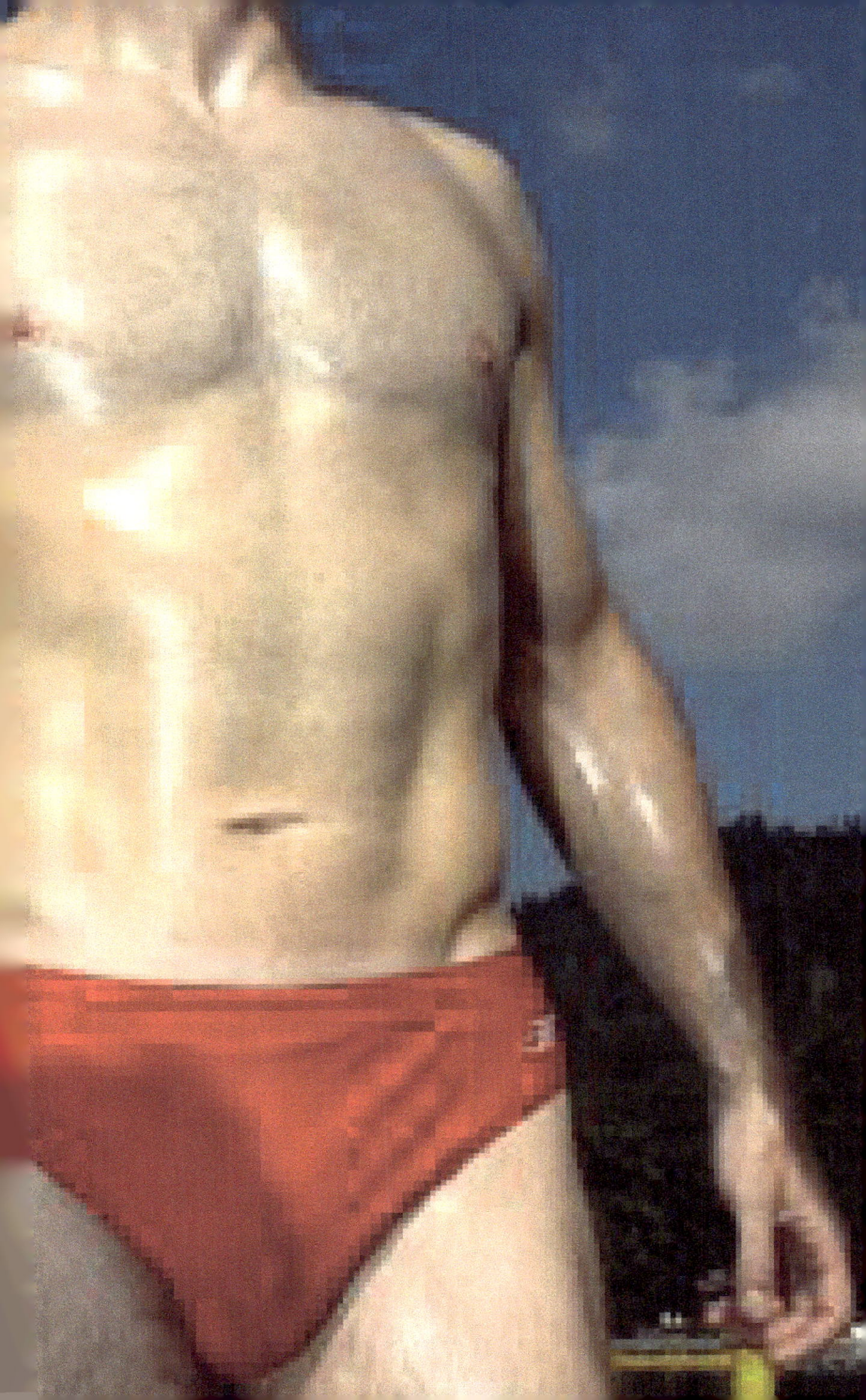

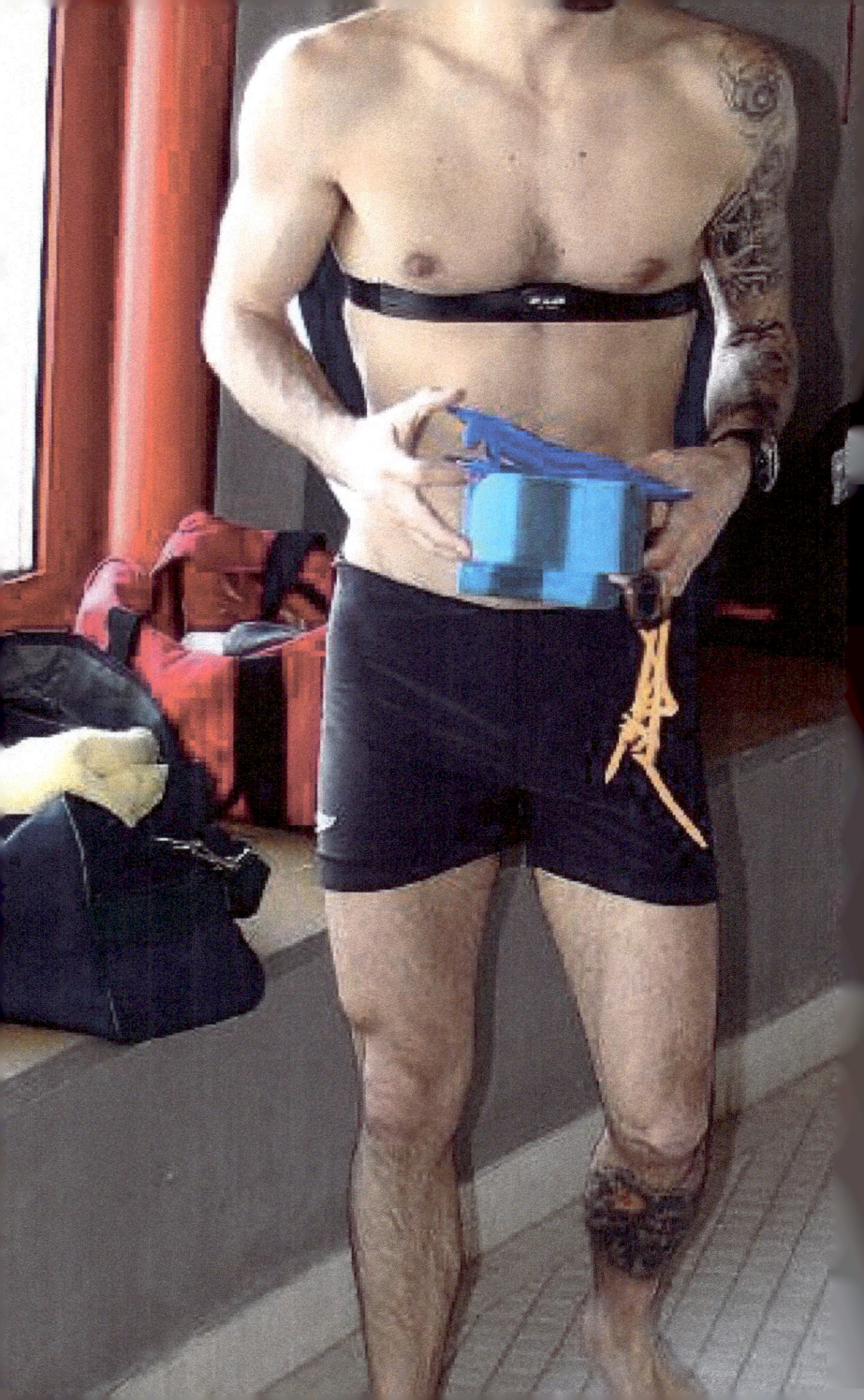

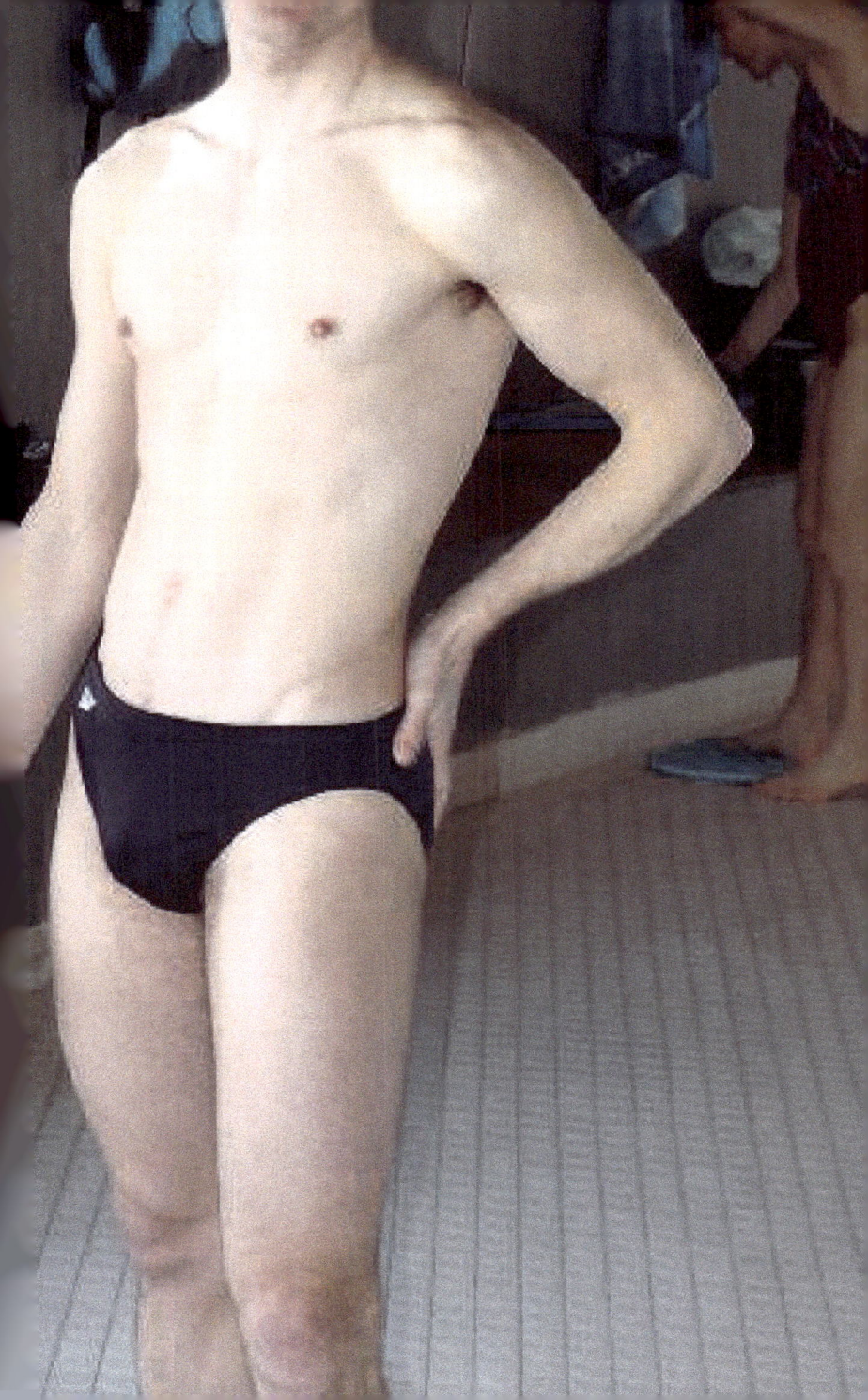

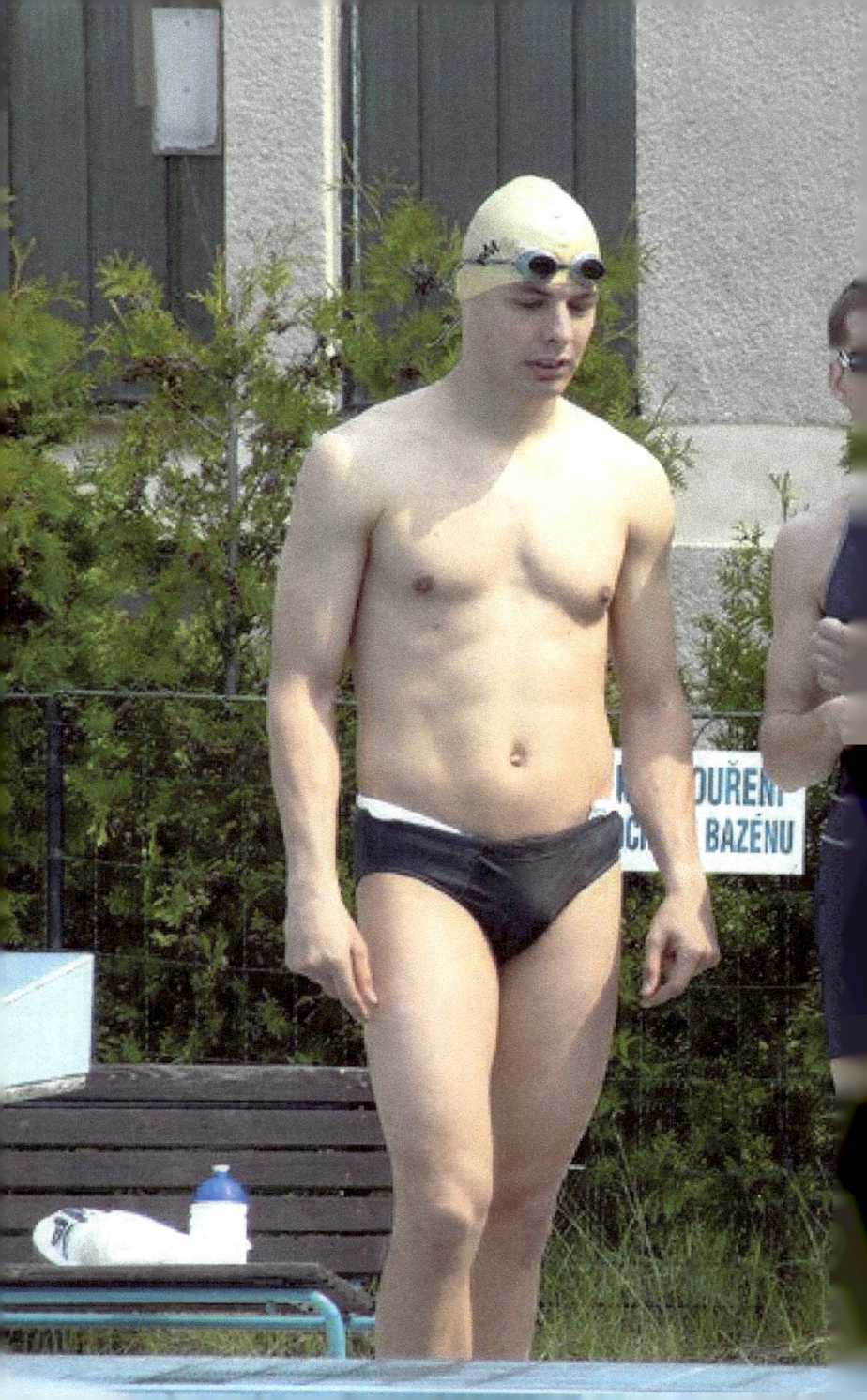

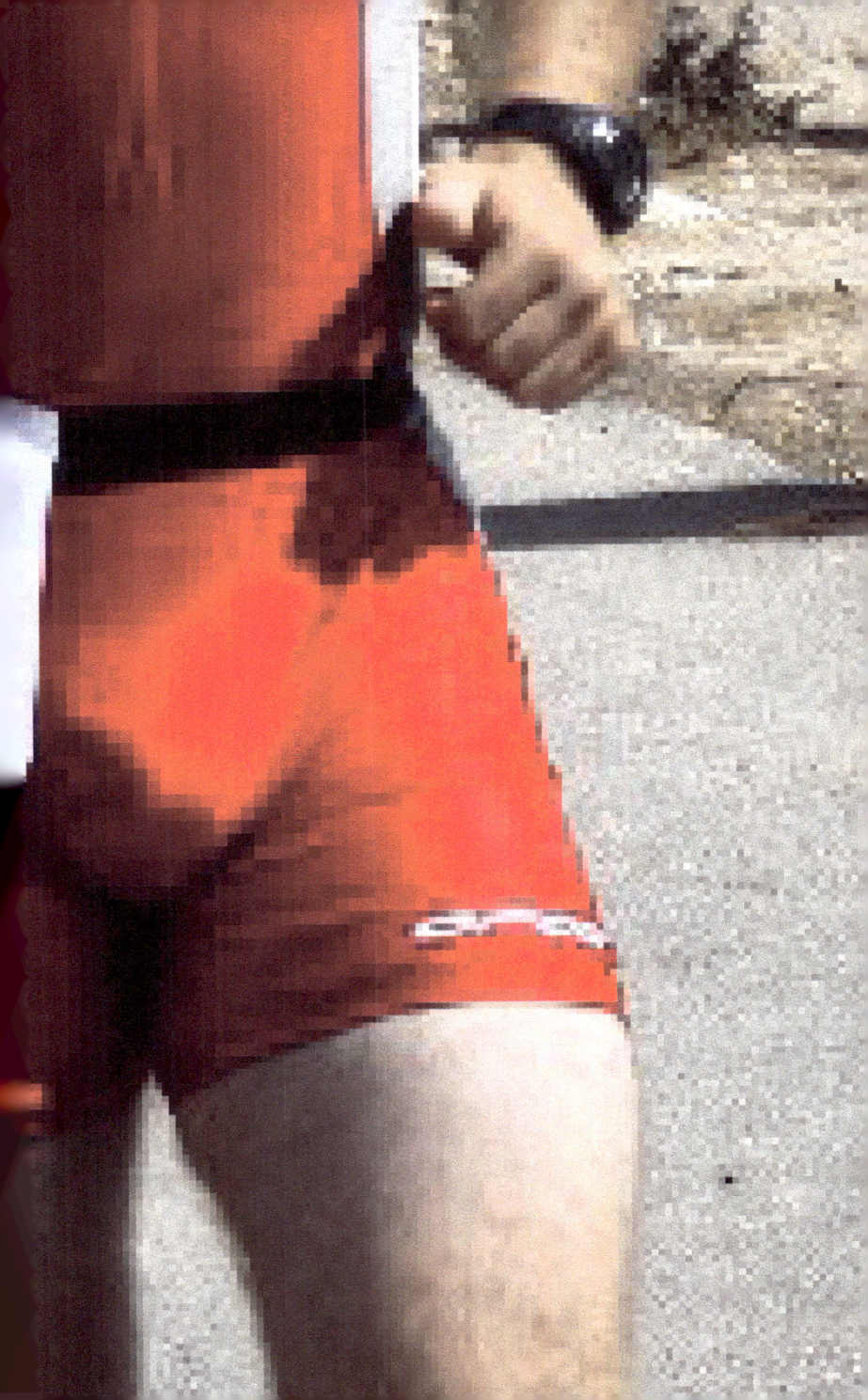

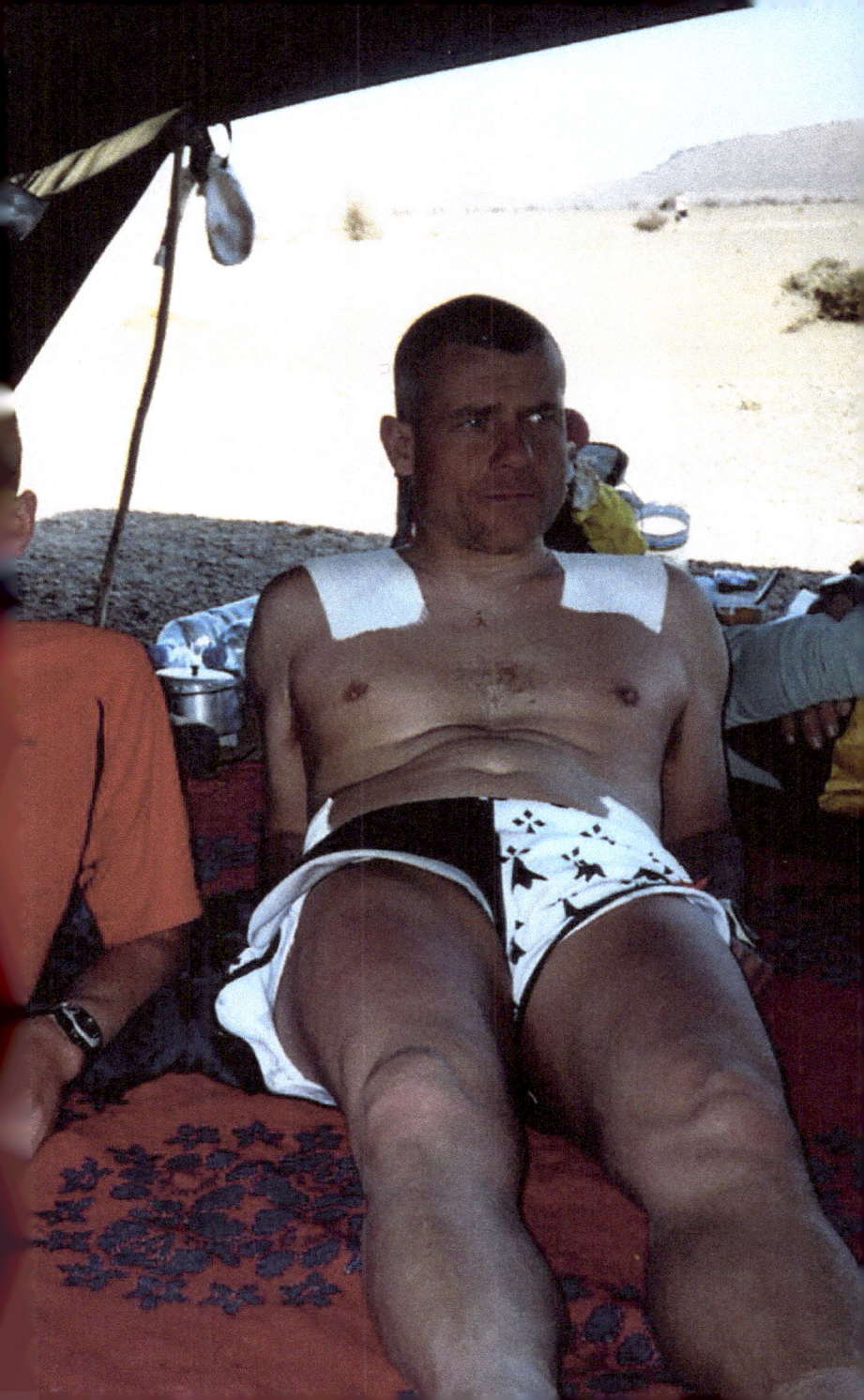

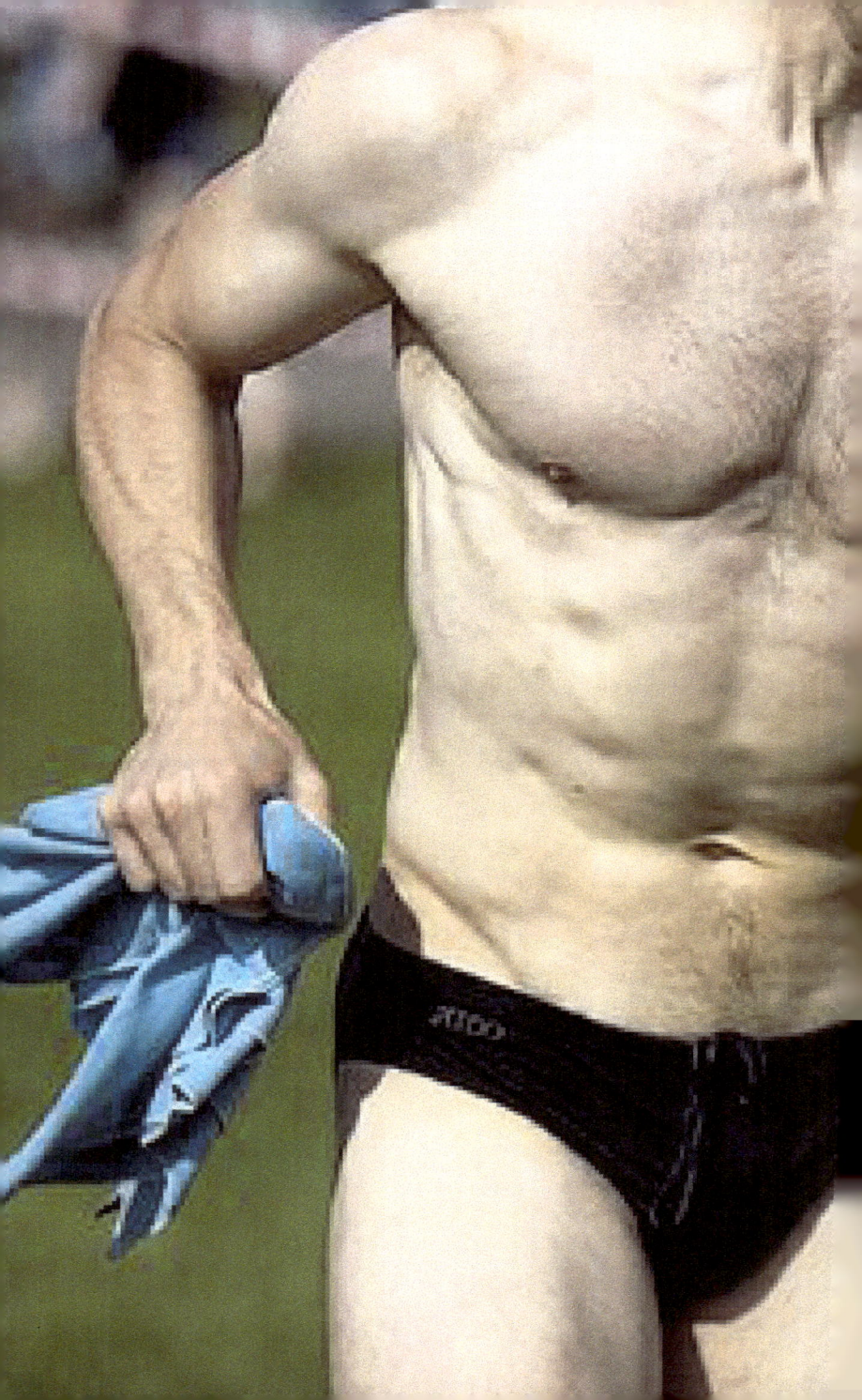

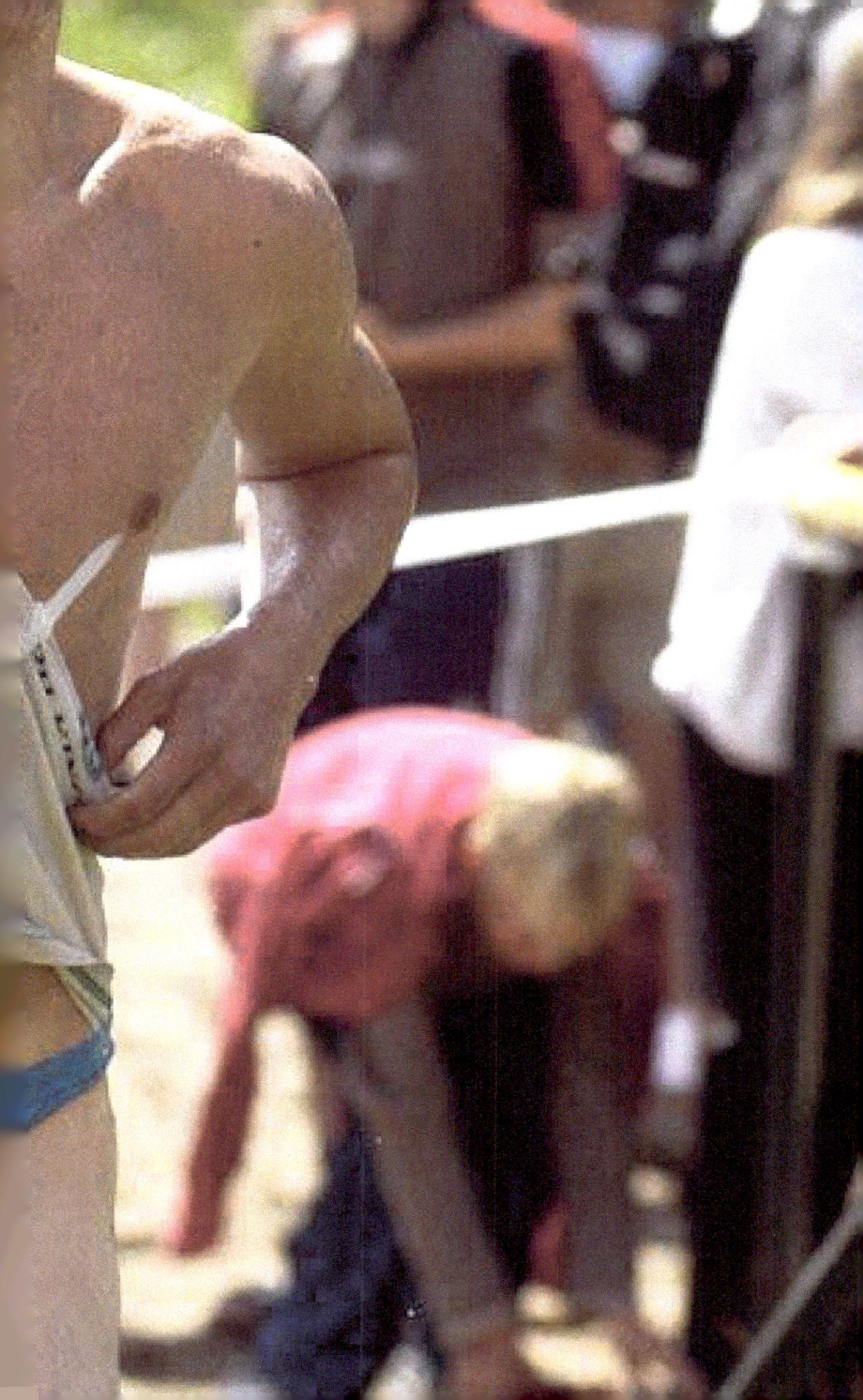

CPSIA information can be obtained
at www.ICGtesting.com
Printed in the USA
BVHW061044150719
553479BV00013B/231/P

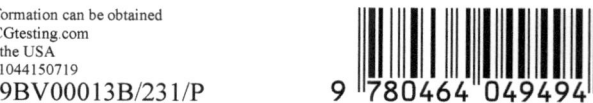